謹以本書
獻給
爸爸

以光年之速，你來

方 秀 雲 著

文 史 哲 詩 叢
文史哲出版社印行

國家圖書館出版品預行編目資料

以光年之速，你來 / 方秀雲著, --初版 -- 臺
北市：文史哲, 民 101.05
頁; 公分（文史哲詩叢；105）
ISBN 978-986-314-027-6（平裝）

851.486　　101009918

文史哲詩叢 105

以光年之速，你來

著者：方秀雲
出版者：文史哲出版社
http:// www.lapen.com.tw
e-mail:lapen@ms74.hinet.net
登記證字號：行政院新聞局版臺業字五三三七號
發行人：彭正雄
發行所：文史哲出版社
印刷者：文史哲出版社
臺北市羅斯福路一段七十二巷四號
郵政劃撥帳號：一六一八〇一七五
電話886-2-23511028 · 傳真886-2-23965656

定價新臺幣二〇〇元

中華民國一百零一年（2012）五月初版

ISBN 978-986-314-027-6　　09105

讀《以光年之速，你來》

◎辛　鬱

從詩友辛牧手上接過方秀雲詩作的稿本，我曾稍有遲疑。因為，我對這位既是一位藝術評論家，又是一位近代音樂的賞析者，如今更是一位女詩人，雖見過幾次面，卻仍很陌生；如此情形下，我怎能冒然為她的詩集作序？

但是稿本已在手上，方秀雲又遠在歐洲，我如何把它送還？就這麼一念，我把稿本帶回家。老實說，當我打開稿本，一接觸完全陌生的詩作，我又遲疑了，興念想打退堂鼓。但怎麼退？這一念，方秀雲詩作稿本，在我東西擺得很亂的書桌上，一擺就將近半年。

如今動心啟念來寫讀後感（實在不能言序），真不知怎麼來向方秀雲說聲「抱歉」。必須說，由於方秀雲多年旅居英國，印象中她開口常帶幾句英文，總認為她的詩在語法上一定有些「西化」。但一讀，卻不然，她的詩語言邏輯雖新異，語言本體上卻仍十分本土化。而且，不論詩情詩意，意象經營，內容造設，也都非常合乎當代華文文學的範疇。

其次，她作品流露的純真感情，也許有部份屬於西式的顯性，放射出現代女性的感情強度，但大體上仍歸於東方的隱性，常常是欲言還休式的；這種感情化為個人心靈的密語，綿密細緻的緩緩散發，那是更加東方式的。

在多篇作品中，詩人形似自言自語，實質上卻有一個「你」或「他」的回應，這一表現方式，常可在華文文學中發現；特別是在詩中。

這本詩集，有一個新穎的名字，叫做：「以光年之速，你來」，可領會詩人心中有一種感情需求的迫切感。全集概分六輯，收錄作品四十九篇，輯名「愛」（八篇）、「父」（七篇）、「美」（八篇）、「夢」（六篇）、「真」（九篇）、「圖」（十一篇）。

一般說來，詩集分輯並取名，似應有它的確定意義，或以寫作時間區分定輯，但就本詩集來說，似無分輯的確定意義。全集詩作長短懸殊，整體來說，詩人藉此流露深切的，熱烈的感情渴求，並以此貫通各詩，不失為是一種新穎手法的具體表現，予人閱讀時感受上極大的撞擊。

最後，願引用詩人在各輯中的妙句佳構，請讀者共賞，並以此為蕪文作結。

輯一：「女媧走累了／河畔，見著倒影／情不自禁／造了人」（詩名「以光年之速，你來」）

輯二：「獨白／在氫氣中，擦出了火花」（詩名「早該原諒了」）

輯二：「但雲的浮動／張開了傘／在光中飄逸了起來」（詩名「傘上的一杯酒」）

輯三：「晤了面／熟悉到，這兒所有／專屬於我」（詩名「晤」）

輯四：「一個很瘦很瘦的小孩／一張徬徨的臉／但有一個媽媽／有一個爸爸／還有書／他們給的／其它的／不重要了」（詩名「小小孩」）

輯五：「一群藝術家、科學家、間諜／混入／地下室／合寫所有的莎士比亞劇」（詩名「夜晚學派」）

輯五：「風有手／把雲推來推去」（詩名「風的矛盾」）

輯六：「在真實與夢幻之間／在距離中／我們尋獲了肥沃的版圖。」（詩名「激素因距離，釋放了出來」）

二〇一二年四月十四日於台北文山

以光年之速，你來　4

淒美的翔舞

——讀方秀雲詩集《以光年之速，你來》

◎林明理

方秀雲，筆名墨紅，生於臺北，自一九九八年赴英留學，於二〇〇六年獲格萊斯哥（Glasgow）大學藝術史博士學位。著有詩集《夢與詩》、《愛，就這樣發生了》，中文書《藝術家的自畫像》、《藝術家和他們的女人》、《擁抱文生．梵谷》、《解讀高更藝術的奧秘》、《高更的原始之夢》及英文書《達利的耶穌》、《慈禧太后》等多種。

葛拉斯哥是塞爾特語的「親親綠草地」之意，這座蘇格蘭的第一大城座擁全歐最多的綠地，以夜總會、音樂會以及繽紛的節慶而聞名；於西元一九九九年被列為「全美建築與設計之城」。它是一片積澱著濃郁的歷史文化傳統的土地，市中心處處可見的維多利亞時代遺留下來的建築及石雕藝術是財富，同時也是詩人墨紅蘊養與探勘自我靈魂之處。她，以異域之子，孕育與成長於這個文化之都，優美的自然景物陶冶了她的詩性情操，而研究高更、梵谷等現代藝術與美學，撰寫外國詩譯、世界詩壇動向報導、及詩評等專長，更是薰染了她的人文素養與文化品格。因此，儘管墨紅自十三歲始寫詩，如今再度向詩壇起飛的時候，翅膀略感沉重，但她畢竟飛起來了。繼去年推出新詩集後，已累積了相當耀眼的實力，猶如在青青草坡上凌空起飛的巨鳶一樣，經受著一場蛻變。

欣喜的是，墨紅讓自己的詩歌之鳶在藝術的天空翱翔，她乘著時光之機再次推出令人驚奇的詩果。這部詩集《以光年之速，你來》，是以遊子的心獻給其父親的力作。全書共六輯，創作出了幾十首詩，分別為「愛的——親親　襪子」、「父的——吻吻　酒杯」、「美的——點點　醒悟」、「夢的——舞舞　花園」、「真的——擦擦　透視」、「圖的——藏藏奇幻」。其中大部份的詩，它的時代性，藝術的武器是新穎的；詩歌帶有神祕意味的薄霧，也有孩童般的雙眼時的清純、詩意色彩；或者是年輕人的夢想與略微淒美的純情與極致。可以這樣說，墨紅的詩思飛越時空，無論是兒時記憶或現實感懷等，除了是某種美學意義上的超越，同時也潛藏著思考的智慧之光。

比如這首主題之作〈以光年之速，你來〉，藝術想像獨特豐富，童話色彩依稀可見：

往昔的叫囂
女媧走累了
河畔，見著倒影
情不自禁　　造了人
閃　　那影子！

莫非
遠古捏泥
忘了塑男
導致荒蕪了好幾世
泥也凍僵
在一場火山爆發

迸，擊破了口
唇的脈搏
渴求深深的一吻　　吮
暖了身

就這樣
以光年之速，你來

為了彌補缺憾

你真的……
來了
以光年之速。

這首詩純粹是詩人任「幻想」自由馳騁，以映照出愛情的憂愁的一種思維範式與形象化藝術技巧；詩人洗淨一切愛情的表象，只剩下了如夢幻的天真。其構思靈感源自傳說中的人類始祖女媧，她是人首蛇身的女神。某一天，女媧經過河畔，想起了盤古開天闢地，創造出山川湖海、飛禽走獸等；但是，女媧總覺得這世界還是缺了點甚麼。當她低頭沉思，看到河裡自己的倒影時，頓時恍然大悟。原來這世上還缺少像自己這樣的「人」。於是，女媧就用黃河的泥土捏製了泥人，再施以法力，泥人遂而變成人類。由於女媧創造了男女，並使他們結合，故又被視為媒神。詩人以浪漫的筆調描寫了一幅神蕩魂迷的神話故事，竟情不自禁地融入了自我的形象，創造了物我相融、景人相生的境界；又形象地傾吐了內心的懷念之情。

英國詩人威廉•布雷克（William Blake, 1757-1827）認為，詩的語言會從繆斯（Muse）女神的激發而來，輕鬆自然地降臨詩人先知的心田。或許就是這份好奇心使然，把墨紅引導到詩的創造上，而激發出夢想與幻想。她自寫詩迄今，不擅長遵守語義學的規則，依然只追尋自己的繆斯；其血液裡有著對藝術語言本身的一種抽象的衝動，這也是在孤獨的體驗與詩文創作之中一起新生的過程，敘述風格豐富多彩。這部詩集，最重要的主題是「回憶」，而回憶也是眾繆斯之母。這裡深藏著兩個影響詩人一生最重要的人，那就是父親與逝去的愛，墨紅回過頭來思必須思的東西，這也造就了這本詩集的根與源。

墨紅的詩作多能率真地唱出自己的歌，自父親早逝後，她寄寓高潔的情思，也非悲慟二字所能涵蓋。這首〈傘上的一杯酒〉，詩裡的率真也已反映出她思想上的成熟和深邃：

一架四分之一世紀前的裁縫機
一台騎過五十年的腳踏車
用傘是深怕滴雨
手把卻　斷了
是太陽來時，沒拿好
給飛走了

但雲的浮動
張開了傘
在光中飄逸了起來
橫渡了裁縫機

越過了腳踏車
在一家卡拉OK停下來

頂住一杯白酒

我尋獲了手把，不放
為了
不讓酒精蒸發
好讓你來時，盡情的暢飲。

墨紅從研究所開始，就離開了臺灣，赴英留學後，雖然視野大開，也陸續地接受許多新思想，然而新環境也給詩人帶來切膚的人生感受，激發起她思念親人、思念故鄉的熾熱情感。這首思親之作，成了她靈魂中幽微的閃爍。在雨的悸動中，透過異地卡拉OK的音樂、藝術與文學發出了繆斯女神的低吟與追禱。通過視覺與聽覺各種樂匯所喚起的聯想其實是從詩人情感激發中自由展開的，縱然描寫角度多蒼涼、無奈，繆斯女神的降臨也並非理智所能夠完全解釋的，但從中已營造了詩美，且直抵人心。

如果說重意境、語言的形象性及對仗是古典詩的特徵的話，那麼重意象和情感的嫁接跳躍，則是現代詩的特點之一。在墨紅的愛情詩裡，多選用一些生命中曾經擁有的溫暖而淒美的時刻，回眸其生命中的風景，也展示出某種情感或微妙的感覺。如這首〈激素因距離，釋放了出來〉，表現愛情幻變之苦：

在一片紛亂
原有的
均等量　　等質　　等色的
板塊分裂了

把尋常放進一個想像
無人漫遊的世界
在那兒，託付了靈魂
佛洛依德的熟悉與陌生
通曉，知了

隱藏，盲了
屬於兩套想法，沒一丁點的矛盾
從牛津英文字典查到一個單字
不僅說舒適
更道出神秘賦予的　魔力
三只鏡面，裂痕的影像
映入眼簾
摸不著
卻散落了迷惑
如何侵襲呢？
你凍結了幻影
築起一座海蜃樓
我守護著
讓一切屹立不搖

但，朝正反的兩端，拉啊拉
拉到跟對立相遇為止

不一樣的時空
湧了幽靈
於你，何為最佳良藥？

在真實與夢幻之間，
在距離中
我們尋獲了肥沃的版圖。

如同帶有敘事色彩的一首女孩的心靈之歌，詩人苦苦地在原地等待因距離而分開的愛人，時間一分一秒地過去了，終歸是幻夢，讓讀者跟著關注著詩人內心的苦惱和戀情中的不幸及喜悅的短暫。毫無疑問，詩是主客體事物的有機融合物，我們反覆咀嚼這種體驗，其所表現的思考已達到一種思辨力度，且顯示出詩人對整個人生、愛情的深度，至此，已具有非常的意義了。

最後，讓我們走近墨紅這個人，她對詩歌的藝術探索，是頗有價值的。對詩，她可謂是忠誠的守望者——

臺北，曾給了她許多的夢，這本詩集無論是體現生命的律動，或從生命的另一表現形式出發，在詩人筆下，這些作品是很有韻味的，感情篤厚而真摯，也是其心靈的博動之聲。如今，這隻巨鳶即將飛回她在臺北母親的寓所，那善良而溫柔的詩心已在救贖的解放中獲得了永恆。而我們相信，憑著她對繆斯的一顆赤誠的心，必會再寫出更多的好詩來，以謝讀者，是為小序。

二〇一二年四月十九日　左營作

以光年之速，你來

目次

第六輯 圖的——藏藏 奇幻……………………一〇九

第一輯

愛的——親親 襪子

以光年之速，你來

往昔的叫囂

女媧走累了
河畔，見著倒影
情不自禁　　造了人

閃　　那影子！

莫非
遠古捏泥
忘了塑男
導致荒蕪了好幾世

泥也凍僵

在一場火山爆發
迸，擊破了口
唇的脈搏
渴求深深的一吻　　吮
暖了身

就這樣
以光年之速，你來

為了彌補缺憾

你真的……
來了

以光年之速。

《創世紀詩雜誌》第一七〇期，
二〇一二年三月（春季號）

滴落在脖上的黑痔

純淨
夜空下，聽小公主的笑聲
想著那一朵百合

唯一？
在套上玻璃前
給多餘的氧氣
無沾污的，好讓她呼吸
想著那一朵百合
是愛

在花粉散時
動了千絲萬縷
一滴澄明的水
落到
你脖上的黑痔
是上帝的汗
發酵了。

勾勾相扣

土上，滿滿的綠豆
揀選十八顆
不用太完美
就算人踩過，蟲咬也無妨

各九顆，串成勾
兩端相扣
啾了啾

對望
成了長長久久。

沒有任何想法

久遠久遠
在淡水河邊
火車拆了沒多久
你站在那兒

我往前衝
沒有任何想法
只想愛你，被你愛

你是大人，說我像個小孩
但
在淡水河邊

只想愛你，被你愛

這理由足夠我
遊蕩世上的城市，玩盡每一條河流
在那兒，依然
繼續等待

宇宙的記憶
早烙印在爐灶底
燒一回，黑的越深　紅的更烈

雖然好久好遠了
但
在淡水河邊
這一生
只想愛你，被你愛。

愛情一兩三

酒吧前
悄悄地走來
說了
一聲問候
手拿
兩杯琴酒
問及
三式愛情。

*

牆角邊

急急地走來

握著
一束紅花
抽了
兩隻雪茄
襲來
三秒親吻。

*

大門外
醺醺地走來

點燃
一根蠟燭
炒了

兩道好菜
許下
三個願望。

註：三式愛情、三秒親吻、三個願望，都有「愛祢、愛您、愛你」之意，暗示如英雄、長者、朋友。

墨紅，墨紅

華格納的羽毛筆尖
從我手臂滑過

劃開
墨的韻律
滲透表皮細胞
以馬奔之速　擴散

皮下的沉睡，騷了
血從恒溫直升
沖到沸點
滾啊滾

墨入了血
催化劑與鎮定劑　更換角色
從未有的激情，發生了。

《創世紀詩雜誌》第一七〇期，
二〇一二年三月（春季號）

註：為華格納的《崔斯坦和依索德》（*Tristan und Isolde*）而寫。

偷走一隻襪子

不等長
顏色不配
粘貼感也不對
單一，太過孤單

憋氣時，了悟……
原來
從床緣滑落時
雙方　摸了心
看看是否眷戀
當下，就被偷走了

之後，你說：
只為了留心。

窗外

窗的隙縫　鑽入了
好幾道光
不約而同　以15°
最舒活地切過來
塵的亂飛
魯莽地撞來撞去

角落
無聲的　一塵不染
一粒珍珠墜落
以愛獻之姿
不停的扭轉

移情到一個點上

那是攝氏100的觸角。
騰騰的呼叫
準備往外跳

燒啊燒
化為灰燼，撒在一處
愛……過的地方。

第二輯 父的——吻吻 酒杯

以光年之速，你來　42

那一雙手

在一次戰役
一座島上
去了數十人，只有你……
安全回來

你從不說
以為沒事 什麼都沒發生
以為平淡 比平凡還平凡

謠言說，你叛了國
對此從不解釋

空白攪拌　灌成了黑洞
漩渦吸啊吸
能拉把我的
除了無知
除了神秘
還是無知神秘

金門的春天
地方歷史學者　如述，如訴
邏輯的猜測，漫漫吐出了
某一份明白：
善泳，還當密使

密使？
謠言說，你叛了國
扛擔子

對此從不解釋
害我承襲了你
不說

一雙手　黝黑的那一面
有幾處渦心
是傷口
睡了一個最孤獨的靈魂

離去時
你背向我的拳頭
毫不漏風
這時，還是不說

如今才知
潛藏，是英雄的外衣。

早該原諒了

獨白
在氫氣中，擦出了火花

肯求原諒
為誕生之初犯下的罪

腹內的一把小火
冷冷的
焦黑了

早該原諒了。

傘上的一杯酒

一架四分之一世紀前的裁縫機
一台騎過五十年的腳踏車

用傘是深怕滴雨
手把卻　斷了
是太陽來時，沒拿好
給飛走了

但雲的浮動
張開了傘
在光中飄逸了起來

橫渡了裁縫機
越過了腳踏車
在一家卡拉OK停下來

頂住一杯白酒

我尋獲了手把，不放
為了
不讓酒精蒸發
好讓你來時，盡情的暢飲。

這次，你坐船來

以往，用飄的
這次，你坐船來

這一件棉質衣
深土的粗紋，一條一條
我看過，我摸過

這一張木椅
全染的棕紅，簡陋的很
你坐下來

眼前

鎖住好久的情思，湧上
在刀畫的樹幹下，溢流不止
濃烈到
你起身

抱你
（小時候，你抱）

你變了
難道，喝下魔咒
世界縮小
瘦啊！
餓著了嗎？
頸子
是愛，交歡的軸心

一下子的摟
溫溫的哀，暖暖的苦
流到了遠古　原相
縱使蒙蔽了眼

確定是你
沒錯，是你

以往，用飄的
這次，你坐船來

啟口
海的浩浩蕩蕩
最後濃縮為　動心的
五線譜上的音符
每條，放置一顆

半音的顫抖

我的魂分了身
只想用一個新的角度
好好看……
你的臉

張了嘴
從神情的無聲
心　已說了　　好多好多

我知道
以往，用飄的
這次，你坐船來

下一次，什麼時候來看我呢？

哭

忍受的煎熬
夠多　夠長　也夠久了
越過張力後
僅在一刻，未經預防
一切
都被允許了。

神話的……

神話的……
噩夢

蜿蜒的
整座尖山
在大力士推石頭時　　　鎮住了
滾下時　神震怒了

一跛一跛進山洞，如纏足
得摸牆
倒叉的蛇
舌尖輕甩，拋的頻繁

向一名英雄
討回屬於，不屬於我的東西

他昂然的傲氣
說不
飛揚的口水
奔啊奔

腳痛到還未痊癒
就襲擊了經脈網
吞食了心
失血的
不得不苦苦哀求

片刻，他軟化了

從牆上的蠕動
奪下一個真正的英雄
取下屍體
抱住
還給我

我們終於團圓了

不再是神話的……
噩夢

愁恨不再
純然血的慰藉。

塞在紙裡

夢的驚叫
長長的壕溝
太窄了
炸彈一來，會喪命
開鑿時，又因過多的角度
死狀不一
存活下來的
一字不言
揉得密不透風的
紙團

猛塞　猛塞
擁擠成的寬容
溶化了多細胞
結果未膨漲

外在依舊
根本沒人撿
有一天，大自然活埋它
什麼都不被知道

無跡可尋的
不負擔
是你選擇留給我的嗎？

《創世紀詩雜誌》第一七〇期，
二〇一二年三月（春季號）

第三輯 美的——點點醒悟

晤

樓梯的第33格
要往下踏時
失去了重心引力
懸於半空

晤了面
熟悉到，這兒所有
專屬於我

閃亮的黃金　純酒的紫紅
毫不俗氣的
擺佈

我來過了

一個心的儀式
有多少年了？九萬九千九百九拾九
每一世活了九拾九年
一千世的等待啊！

眼珠打轉
還未思索前的
一剎那　　驚魂
我走了
捲走了
心帶走了一切
走了
是宗教的高潮。

鮮嫩

傷口復元
談何容易？

一旦長出新肉
不能留疤
否則腐爛了怎行？

就算被鞭刑，只
剩下屍骨而已
還揚起嘴角
喬裝新人　　都是頭一遭

為了永保鮮嫩！

《人間福報》二〇一一年十一月十八日，副刊，
夾在〈傷痕，造就了一個完整〉一文

註：只有無傷痕的哲學，才能成全美。

吻你的太陽穴

吻
追回蘇格拉底
你的太陽穴瀰漫了
燒焦的分子
比魂魄飛得還快
聞到了日曬
釀出酒精
醉了。

鏡中的臉

在疑惑的季節
後花園
遠端一處角落
一只木桶，好久沒觸碰了

不由得　　拍拍往天堂累積的灰塵
與枯葉的半濕
在突來的鳥羽，落入的
波心，再浮游

被打擾的緣故
噴出來

濺的滿是花臉
當掌心抹去水珠
一剎那的觸鬚感知
發現
冷了好幾個秋風
醉了多少的月夜
在掀開後
竄出來的，依然保持最初的——
暖流

不禁的顫抖
鏡像中
因不腐朽，神話沒有一絲的皺紋。

《人間福報》二〇一二年四月十三日，副刊

無知的仙女

你說：
不用擺姿了，相遇前，就畫過妳。

此話當真？

在〈女人瓶〉，
酒的外飾，刷上油彩
慵懶的神態

在〈好主意〉，
一匹馬，一雙眼
靈動的珠子

屬於我嗎？

又有〈無知的仙女〉
神殿
大理石上的球
圓的　燦爛
滑的　浪漫
紫窗簾前，雲淡之外
插上一根異樣　異色　異味　蠟燭
火燄的一團黑　又熄又亮
往四面八方揮霍
臉的半面漆上了灰
無視自身？無知了嗎？

知性的靈動
不會悶太久

因透視
面容
訴說了知曉　知曉。

裸的幻想

我說：
舞會　身子想塗漆
你說：
舞姿如何？
想必……全裸

臉　放熱又冷卻的太陽
上身　染了藍又帶灰的天空
雙腿　疊上形色不一的紅磚塊
腰　繞出一圈妝點花飾的草叢
乳房　飄落兩朵白棉又浪潮的雲

手　飛來一黑一白的愛鴿

情書像夢一般

畫布移情
蹊蹺地
鴿子往內舞，也往外飛
扮演主僕的激情與理性
在黑白的區分
姿態拉拉扯扯
累了之後
何不握手言歡。

預言說

一九七四年，你開始動筆
三十七年後，還未結束

披肩，浪漫如夏綠
髮一襲蓬鬆，碰上了秋紅
用三分之二角度，迎風
脖子上揚，吸吮了精氣
靈魂真的出竅

身後的廟宇
包裹神的預言

雜亂的蔓藤活埋了一只日晷
時辰未知
一隻紅鴿　展翅
銜上蒼白的罌粟花

在胸前
傳遞一則「狂妄」的訊息。

埋不住的靈魂

天花板上，被雕的天使
飛行於
鍍金花環與水晶吊燈之間

排演的芭蕾舞女
化化妝　拉拉腿　彎彎腰
別別髮夾　碰碰肩繩　綁綁鞋帶
伸伸筋骨　整整蝴蝶結　拋拋媚眼
扭轉，一幕一幕
如妓的墮落

愛偷，愛窺　動心了

冥界的處女
再也按捺不住
魂魄，從廢墟口奔出
到畫布前
使勁了舞步

非常非常的
淫蕩。

第四輯

夢的——舞舞花園

太近了

若要幸福
得要離的遠遠的
不再回頭
或到一處
一個花瓣永不凋零的地方
若要幸福的話。

路，拐彎抹角

位於邊境
男孩遇見女孩
心碰了心
同行，入森林探索

有過的粉碎　　歷經的腐蝕

在共築的花園裡
約好一塊兒守著
越來越隱密了
變成逃難的庇護所

明天若能不來，多好
秋風近了
夢也該擱下

在上路前
給一次掙脫
故意繞道　一彎接一彎　走走停停
就算遲到也好

一過秋，一過冬
春來之時
跑　這回用跑的
跑到花園，再拾夢。

註：男孩與女孩逃離，為了尋夢。歸來，只是面對現實，修補殘破，但不會太久。很快，他們會再相遇，然後相愛。

當法國號吹響時

當法國號吹響時

嘮嘮叨叨的
放了油，點了火，燒了

金黃的火燄
掌心，噴的紅豔滋味

在這一場大火
你歸來
身子大上了城市十倍

一腳，差一點踩到清真寺的圓頂
另一腳呢？
涉了水

快掩沒了傲氣

漲大的肺
將法國號吹的多響亮

披上的蠶衣，沾濕了。

小小孩

一個很瘦很瘦的小孩
一張徬徨的臉

但有一個媽媽
有一個爸爸
還有書，他們給的
其它的，不重要了。

飄啊飄的文件

一個刮風的日子
打開門
一件包裹，不預期的
在門檻之外
撕掉那一層黃皮
一疊紙

無價的紙

但
不想被提醒

那一座失樂園

成了
無用的紙

索性，潛意識介面
失憶的
浮游斑斑

海嘯一來，一張一張飄啊飄
四分五裂

這樣也好
不想再碰了。

蹲下去

嗶哩磅啷！
玻璃破了
到底哪一扇被擊了？

完好無缺
疑似怎麼一回事？

門打開，俯視地上
一串鑰匙

那一串鑰匙

彎下腰
極痛
拾起
那震響，像雷
在築夢的寶塔上
狠狠地劈了下去
起身的一刻
釋懷了。

第五輯

眞的——擦擦透視

靜默，而悟

音符一個一個朽了
斑剝後成了未完的No.9交響曲
撿起片片的金箔來黏貼
再怎麼樣
也擋不住金屬製的擴大器

最後
呼了一口氣
一片金箔　慵懶的
飄落於地
轉眼間不見了
急於怎麼一回事

突然
樂手們凝視樂譜，全部的音符
愉悅的
跳了出來

原來，那口氣
是悟出前的一個有力的
頓號。

《人間福報》二〇一一年八月廿六日，副刊

癡睡者

「托夢給我。」
「好，就這麼約定。」

橫躺的空間狹長
盒子？櫃子？
床？沙發？

蓋上花樣的毯子
無棉　　無絲　　　充了二氧化碳的枕頭
入眠

耳朵抖動

腦神經盤算什麼
一隻粉黃的鳥兒
不斷的啄
怎麼吵，起都起不來
矇混的
靈魂已站在判官面前了。

《海星詩刊》第三期，
二〇一二年三月（春季號）

繩的奴隸

倒空中，舞的
紋身起、落

語彙　　拉曳無數條的線索

抱盒子
因潘朵拉的缺席
命救了上來
卻沒了險惡　　也沒了希望

逐一，你
捂住耳

連鞋也脫
步步為營的
玩耍　　嘻笑

觀眾如我
自作主張
拿一把剪刀　　準備
釋放。

夜晚學派

一群藝術家、科學家、間諜
混入
地下室
合寫所有的莎士比亞劇。

風的矛盾

風發聲
洩了味道
招來無數的仰慕者

風有手
把雲推來推去

流浪　　最艱熬的滋味
一旦嚐過
慾望擠到地毯之下　　就爬不起來了
沒必要宣佈死亡

別無他法，繼續訴說
孤獨

多年後，靈魂
疑心重重　　想探個究竟
跑到後門，發現——
風在啜泣……

《乾坤詩刊》第六十一期，
二〇一二年一月（春季號）

什麼味，入了夜？

一句妳是自由的
心，如白一樣黑
是塵，還是灰燼
穿過蟬眼？
到底什麼味，吹入了夜？

說遲了，月亮的暈染
落下的光
滲入了土壤，在發酵
愚蠢、殘破，是凡間的複製

別說熟悉
只因有魂魄的臉
無淚　也無皺紋

譜子攤開，點綴了休止
直到暗藏全音符的　　心
不變

終於
珊瑚與彩虹　撞見了
髮辮餘留的　好長好長的鬚
突然被一只蟬羽摸了摸，那麼似有似無
在泥沼中恢復活力
蚌在眠中甦醒，發出了光
於此，痛與笑

在叉路會面，擁吻
無關乎平坦或顛簸，漫步回家
智者說：所有的甜美
只在愛裡相遇

噢！他又加上：暫緩死神的接近
我寧可當奴隸。

《乾坤詩刊》第六十一期，
二〇一二年一月（春季號）

隱？顯？那是個問題

談了很多未來
有太多太多的
隱形

衝破了門
用單腳落跑
才成顯性。

《海星詩刊》第四期，
二〇一二年六月（夏季號）

塵埃落定

你特別喜愛哲人尼采，還常引用他語：「單純的樂觀主義是膚淺的，但如果曾悲傷這世界的充滿愁苦，而還能夠樂觀，那這人才是可貴的。」

*

絨毛紛飛的雪片
隨塵心，颸颸地飄
在提琴的 *f* 孔作響
心無垠　　情也無垠

*

狂狷沙漠的塵埃
轉動千年的緣

春池旁，顫慄的慾望
幻化了一朵百合

＊

日落，暈染的粉紅
宣示未來的思緒
非淺薄的虛榮
踩出了塵事的步音

＊

積雨，崩潰可否塵沙取出
讓身軀乾乾淨淨
冷酷與不毛之間沒有永遠
淒美嗎？胡說

＊
我憶起尼采也說過一句：「我在此等候，且緊緊抓住眼睛與手掌所能把握的事物！」

遠遠的廟宇

在紅了半個天的
像日落，又不像日落的
山坡
像城堡，又不像城堡的
樹林

如蟻，如鹿
密密的，緩緩的
懶懶的，倦倦的

整片黃了大地的
被沾污的點點　　藍與黑

是絢爛？還是苦澀？
那還得問
　太陽照不照的到
長方格，一塊一塊的
是農夫的辛勤耕耘？
或朝聖者的腳印？
總之，虔誠
不合掌，靠滲入土裡的塵
也算
不需聖人
遠遠的
瞧見山後
比樹更低的廟宇了
它呀！跟凡人同高。

第六輯 圖的——藏藏奇幻

玻璃碎碎的

一片草原，不綠的地方
望向天際
為了海，不藍？

我拋了一只氣囊
應紫的吧
滾回來，卻成了透明的
中微子的緣故，球熱到冒冷汗

周旋的水珠，滴啊滴
叫誰，沒人敢碰
恐怕窗一旁乾淨的清爽

沾污得了
一想，玻璃　罪倒了　　碎碎的
多面的反射光，映照……
天啊！
以為失色，卻劫持了
藍　綠
偷走自然色後，閒情逸緻的
躺著，仿如國王。

蘋果掉了

懸浮在天堂與高樓之間
那顆紅蘋果
被粉鶴啄了一口

為了保全
農夫灑上了玫瑰粉
咦！
怎麼攙入松木粉　　正疑惑
哪個屬雜質？
原來，下方那三腳架
挾持了地

主控了天

維他命汁汁的　一滴一滴　答答的
灌入
萎靡不振的漏斗
蘋果在完全失血後
掉了。

深藏紅的留白

齒輪碾了過去
小小震盪的頻率

底蘊　　一片寂靜
掀起了
欲擒故縱

緊緊相繫?或遙遙相望?

側影　　或漲　　或縮
負了原罪
刺痛

哪怕一點點也好

一隻鳳凰飛至河邊
水滿了　也浸濕了
冷卻了燃燒
沖刷了殘餘

也拍醒了
長期休眠的你

一聲嚎啕大哭
重生了。

彩妝之妖

塊狀的快撞
渲染的炫爛
肌理的激勵

千萬年的樹之精靈
在真空中
來來回回的擠壓
長河，激起了水波
親和，不也排斥？

濫觴，遺留的痕跡
交疊錯而不亂

鐵溶解於空氣
腐朽，在氧化後漫延
漸漸地
筋脈也擴散，闊步到骨盤上

目睹此景，問：
細胞之微小，宇宙觀怎能閱讀？

鎖住此情，想：
激素的奧妙，放大鏡如何感覺？

不過陰錯陽差
宏觀無法透視的
光影、情色
深，穿入遠古的深洞
濃，飄落久候的濃霧

而間隙，留給的莫過於呼吸
聯姻不就擁有了
語的反觀
與墨的甦醒嗎！

激素因距離，釋放了出來

在一片紛亂
原有的
均等量　　等質　　等色的
板塊分裂了

把尋常放進一個想像
無人漫遊的世界
在那兒，託付了靈魂

佛洛依德的熟悉與陌生
通曉，知了
隱藏，盲了

屬於兩套想法，沒一丁點的矛盾
從牛津英文字典查到一個單字
不僅說舒適
更道出神秘賦予的　魔力

三只鏡面，裂痕的影像
映入眼簾
摸不著
卻散落了迷惑
如何侵襲呢？
你凍結了幻影
築起一座海蜃樓
我守護著
讓一切屹立不搖

但，朝正反的兩端，拉啊拉
拉到跟對立相遇為止

不一樣的時空
湧了幽靈
於你，何為最佳良藥？

在真實與夢幻之間，
在距離中
我們尋獲了肥沃的版圖。

《創世紀詩雜誌》第一六八期，
二〇一一年九月（秋季號）

遇見紫羅蘭

雄性的、大塊的
疆域，在某個點上
迷失了

觸痕
染域

走的這麼不經意
拖曳的竟是
揮舞之勁
及日夜顛倒的濃密

彩繪
集驚、奇、幻、影於一身的
擺擺盪盪

若沒有擴散或濃縮
該否
為落居山林的精靈守候

之餘，除了多情
生了你的氣
接著，紫羅蘭的發酵
綿綿的醞釀成氣
冉冉上升了。

《創世紀詩雜誌》第一六八期，
二〇一一年九月（秋季號）

自然怎麼一回事

筆觸的霸氣
往對角線掃灑
像斷代的故事
多斷　　多段　　多端
是三的多餘想像

黎明時分
一團靜靜的湖
躺著
玻璃做的
前拉斐爾時代之女奧菲莉亞

然而，反射出
破碎的飛濺
波動的情？
還是，特意製造的幻？

倒影拉長，霸佔了你的美學觀
實體在抽離後
縮成焦點
是名畫分解，再組合的
連鎖反應

黑，也夠荒涼、悲慟的了
有了藍的激昂
不再腐蝕，靈魂又怎能飄蕩
陰影被攪亂了一番

在充斥與留白之間
在寧靜與紛飛之間
為何要拉扯？
求平衡，不如自自然然！

十全十美

咱們玩井字遊戲填○×
四組人馬，成二十格
好投合，到了
天衣無縫的境界

一支現代的箭，銳利的
被你射出
飆的好遠好遠
閃閃咻了過去
比黃金還純、還火熱
釋放的汁液
嬌滴滴的流了下來

疑惑，寒冬怎有汗？
不，是淚
落下，滋養了紅
鼓起的肉，是臉頰的微笑
綻放的，是紅唇的潮來
張開的，睫毛發翹，直入了眼珠

影像一張張，人物一尊尊
老朽、新奇的面目
穿插的煽情　　屬千萬種
黑與藍變了形
幻化的無影無蹤

告別了悲情
傳遞的訊息

除了全福　全滿　全喜，
還是全福　全滿　全喜。

供桌的擺飾

讀了一本《重新炒過的大柿》
走回中國的巴洛克
於某年的慶典上
桌面擺有
十二粒柿子，各各驕氣重重
大到飽　漲到滿
熟到動心、動色
為了示好
揭露了底隙，窩了心

油油的　跟虛榮說再見
黑影的　向奢華打招呼

時間的手，在敲敲打打
極快、極烈
響的好不安寧
在歡愉的日子
找平衡？探關係？
別了別了
別再找別再探了
糖份的濃度也別再管了
這麼做　　只想說：
嚐過的苦澀不會再有
未來，只有甜味。

《創世紀詩雜誌》第一六八期，
二〇一一年九月（秋季號）

交融前的序曲

白又白　　黑更黑
半半相接
毫無迷惑的　　灰
用盡了色
最終的抉擇
遠古的呼喚
近代的叫囂
擁抱？
還是推擠？

突兀雙雙
不見　不偏不倚
靠的　近又近
彎的　不知所措

唉呀
莫非陰陽
在輻射時撞見
兩情相悅　合而為一之前
做的溶化儀式

純淨　就因
「你走了，我活著」的
沉沉罪愆　鞭打的你
在呼吸時
只剩下無聲無息的

一滴澄明的淚水。

《創世紀詩雜誌》第一六八期，
二〇一一年九月（秋季號）

流連忘返

放下
樹枝、蠟燭、石塊、花瓣、枯骨、湯匙、米、果殼、髮絲
是生物的突變？
或細胞畸形的繁衍？
空靈　　摸不著邊
穿梭於實幻
謎？迷？糜？
要不
耽擱一下？！